LA VILLE DE SAINT-QUENTIN

DANS LA SECONDE MOITIÉ DU XVIe SIÈCLE

NOTES ET DOCUMENS

SUR LA

VILLE DE SAINT-QUENTIN

DANS LA SECONDE MOITIÉ DU XVIᵉ SIÈCLE

PAR

Georges LECOCQ

AMIENS

IMPRIMERIE DE DELATTRE-LENOEL

32, RUE DES RABUISSONS, 32

MDCCC LXXIX

Extrait de la PICARDIE,
Revue Historique, Archéologique et Littéraire.

NOTES ET DOCUMENS

SUR LA

VILLE DE SAINT-QUENTIN

DANS LA SECONDE MOITIÉ DU XVIe SIÈCLE

E XVIe siècle est une des époques les plus importantes de notre histoire nationale, aussi doit-il fournir pour la chronique particulière de chaque cité un grand nombre de matériaux précieux.

Laissant de côté les grands faits, bien connus, nous nous attacherons, dans les quelques notes qui vont suivre, aux menus détails de la vie de province, car il n'y a si petite chose qui ne doive avoir sa place et qui ne puisse intéresser ; mais, malgré notre désir de voir notre publication remonter plus avant dans cette époque si utile à consulter, nous n'étudierons que le dernier tiers du XVIe siècle, les *Registres de la Chambre du Conseil* conservés aux archives partant seulement de 1559, puisque le siège et la conquête espagnole eurent pour résultat la dispersion et peut-être la destruction de la plus grande partie des documens que possédait alors la ville de Saint-Quentin.

Il nous faut aussi prévenir le lecteur que nous lui offrons simplement des renseignemens pris au courant de la plume, alors que nous parcourions les registres en question pour écrire notre *Histoire des Canonniers de Saint-Quentin* (1874). Dans notre pensée ils n'étaient pas destinés à être imprimés, et nous les laisserions volontiers dans le carton où ils reposent depuis plusieurs années si, en les relisant, nous n'y avions trouvé l'occasion d'indiquer aux travailleurs quelques délibérations dignes d'être conservées. Il serait bon et utile qu'un résumé analytique, une sorte de catalogue sommaire des 39 in-folios poudreux que nous avons parcourus fût publié ; ce serait rendre un grand service aux historiens en même temps que l'on tracerait par cela même la physionomie de la ville de 1559 à 1789.

En attendant qu'un écrivain plus heureux que nous entreprenne et termine cette publication, nous ne croyons pas devoir garder par devers nous les notes suivantes qui, nous ne saurions trop le répéter, n'ont d'autre prétention que de servir de guide, bien modeste, aux chercheurs. Encore en omettons-nous involontairement, plusieurs feuillets ayant été égarés dans un de ces déménagemens qui, répétés une fois ou deux, équivalent à un incendie.

Ainsi donc, et sans autre classement que l'ordre chronologique, voilà, un peu pêle-mêle, quelques nouveaux matériaux pour notre histoire locale.

G. Lecocq.

1560

18 Octobre. — On voit citée pour la première fois dans les Registres la maison de la *Truie qui file*, dont l'enseigne a donné son nom à une rue qui débouche dans la rue d'Isle et que l'un des derniers Conseils municipaux a refusé de débaptiser malgré la proposition d'une commission ayant M. P. Bénard pour rapporteur.

1561

18 Avril. — Une grosse somme d'or et d'argent est trouvée dans des débris et immondices provenant des maisons brûlées par les ennemis : elle est restituée aux particuliers.

29 Juillet. — On fait le guet au clocher, l'artillerie est placée sur les remparts, on prend en un mot toutes les précautions nécessaires pour se mettre à l'abri d'un coup de main.

1562

5 Mars. — On redit la messe en la chapelle de la Maison de la Paix (aujourd'hui salle des Archives).

1563

16 Mai. — Le roi demande cent muids de bled et 50 muids d'avoine, mesure de Paris. Une assemblée générale se réunit pour chercher les moyens de faire exempter la ville d'une telle livraison.

16 Juillet. — Les habitants reçoivent comme premier remboursement, le montant de la moitié des sommes qu'ils ont prêtées pour reboucher les brèches de la ville.

30 Juillet. — Peste ès païs voisins. — La garde est doublée pour empêcher tout contact des habitans avec les gens du dehors.

1565

9 Novembre. — Commandement est faict à tous pauvres estrangers estant en ceste ville sortir d'icelle en dedans trois jours en peine du fouet.

16 Novembre. — Assemblée générale pour délibérer du fait de la cherté du bled.

1566

27 septembre. — Messieurs ont fait desfenses à Parringue de Chelles, femme de Charles Picard, de plus... faire danser sur le tamis... en peine de bannyssement de ceste ville et banlieue.

1567

16 Mai. — La motte des Jacobins est louée à surcens à Pierre de Sains.

30 Mai. — Valentin Mirons a baillé requeste à Messieurs disant qu'il est en nécessité de vendre le molin qu'il a faict de nouveau édiffier en la Cousture (1) par quoy il dénonçoit à Messieurs s'ils vouloient avoir ledict molin pour la somme de six cens cinquante livres, qu'il estoit prest le leur transporter, sur quoy Messieurs ont dit que icelury suppliant vende ledict molin à la charge des clauses contenues en son bail.

6 Juin. — Messieurs ordonnent que les marguilliers de l'église Sainct-Jacques feront desmolir ce qui reste au lieu où a esté ladicte esglise sur le marché, et dedans le jour sainct Jehan Baptiste prochain, et feront mettre les matières en réserve pour servir à la réédiffication de la dite esglise (2).

20 Juin. — Sur la requeste présentée par les maistres procureurs, confrères et compaignons de l'hospital Saint-Jacques, requérant qu'il leur fut permis faire quelque histoire du saint Jacques le jour de sainct Jacques prochain, comme ils ont de tout temps accoustumé faire, Messieurs ont permis de jouer à la charge que lesdicts supplians leur monstront ce qu'ils doibvent jouer pour sçavoir s'il y a aulcunes choses deffendues.

18 Août. — La Maison de la Monnoye — qui fut plus

---

(1) Les *Coutures, culturæ*, au faubourg Saint-Jean. Une rue portait encore leur nom, qui va disparaître dans le prolongement du boulevard du Nord. Elle prenait naissance un peu après le n° 41 de ce boulevard et allait rejoindre la route de Rouvroy.

(2) La nouvelle église Saint-Jacques est aujourd'hui la halle au blé. Voir *le Vermandois*.

tard l'Hôtel des Gouverneurs (1) et qui est aujourd'hui une usine (elle s'appelait alors du nom que nous venons de lui donner ou aussi hôtel d'Homblières) — est choisie pour servir de logement à M. de Thenelles, lieutenant du Roi.

1ᵉʳ et 18 Octobre et 12 Décembre. — Assemblées générales pour délibérer de la défense de la ville.

Décembre. — Le chapon de rente est estimé 18 deniers tournois.

1568

6 Aoust. — Messieurs ordonnent que ceulx de la nouvelle relligion envoieront au guet et à la porte.

1569

26 Janvier. — Il sera continué quatre sols aux soldats pour faire le guet jusques au jour de Chandelleur prochain.

1570

21 Juin. — Sur la requeste faicte par les habitans de la rue Saint-Nicaise disant que pour subvenir aux femmes enchainctes demourant en la dicte rue leur seroit besoing avoir une sage-femme demeurant en icelle rue quy est fermée entre deux portes, Messieurs ont accordé à Grignon Le Lièvre, sage-femme, cinq septiers de bled par mois au lieu d'un quarteron qu'elle a aussi par mois, à la charge qu'elle demeurera en icelle rue Saint-Nicaise.

---

(1) Voir notre étude sur *les Gouverneurs de Saint-Quentin*.

21 Juillet. — Messieurs accordent à Jehan Carpentier sergent à masse la maison de la Paix pour faire le bancquet des nopces de sa fille de lundy prochain en huict jours.

C'était alors l'usage de prêter « la maison de Paix » ou la « Chambre de Beaulieu » pour des mariages. Déjà en août 1567, Loys Heuzet l'avoit obtenue pour le même objet ; nous voyons encore cette faveur sollicitée heureusement par Marguerite de La Porte (23 janvier 1573), Jacques Wallois (3 avril), Cocquel (5 juin) ; Bon Philippes le 25 juin de la même année demande, et Messieurs lui permettent de prendre « la chambre de devant de l'hostel de ville pour faire le bancquet de sa fille. »

Vincent de Grain (25 septembre), le Maieur (30 septembre 1573), Jehan de Fay (8 janvier 1574), Marie Lotricher (29 janvier), Quentin le Couvers (16 octobre 1576), deux familles (12 avril et novembre 1577), Pierre Cocquel (16 mai 1577) et bien d'autres, dont l'énumération serait trop longue, jouissent du même privilège.

4 Août. — Sera baillé dix huict logis pour la compaignie de Monsieur le Gouverneur, et auparavant ce faire en sera parlé à M. de Thoury.

15 Décembre. — Restauration des verrières de la Chapelle de l'Hôtel-de-Ville dont quelques-unes doivent être refaites.

1571

26 Janvier. — Messieurs ordonnent que deffences seront faictes aux joueurs en chambres quy sont en ceste **ville de plus jouer.**

23 Novembre. — Ordre de paver la rue de l'Orphevrerie (au XIXe siècle elle s'appelle rue des Toiles.)

1572

21 Juin. — Si Laurent Fontaine maistre d'escrime demeurant à La Fère veult venir demeurer en ceste ville, il luy sera permis y tenir salle comme il a. Il ne pourra enseigner et tenir salle ouverte durant le service divin en peine de dix livres d'amende pour lui et autant pour l'hoste. — Même décision à l'égard de Henry Souplet et Fontaine fils, maistres d'escrime, demeurant en ceste ville, y tenant salle.

1573

19 Juin. — Permission est demandée de faire enlever grande quantité de bled, et accordée au cas où la ville en soit fournie pour nourrir les habitans et ouvriers du Roy travaillant aux fortifications.

1574

9 Mai. — Assemblée génèralle sur le fait du commandement de la garde de jour et de nuit par les habitans tant de la ville que des faulxbourgs et aultres points importans.

14 Mai. — Messieurs ordonnent que François de Durcourt sera appellé pour, avec Monsieur de Thoury, sçavoir de luy quelles personnes il entend estre suspectz en cette ville.

4 Juin. — Deffences seront faictes à la Croix (1) et carrefours de dansser publiquement à peine de prison et pugnition corporelle.

27 Juillet. — Il sera publié deffences à toutes personnes de jouer ès jeux de palmes ès lieux puplicques (*sic*) les jours de festes et dimences durant le service divin et à toutes personnes necquanques jouer à juz publicques les jours ouvriers ès peine de prison et amende arbitraire.

10 Août. — Il sera publié deffences à toutes personnes de aller ès ville de Cambray et aultres lieux à cause de la peste. Il est également interdit aux habitans de ces localités de venir à Saint-Quentin.

27 Août. — Ordonnance pour le paiement des messes à dire en la chapelle de l'Hôtel-de-Ville et les ornements : nappes, bénitiers, etc.

1ᵉʳ Octobre. — Le pied sera réduit à douze poulces pour pied et la toise de six pieds à ladicte longueur de douze poulces pour pied, ce qui sera publié.

29 Octobre. — Lettre de M. de Thoury, ancien gouverneur de Saint-Quentin, actuellement gouverneur du Catelet, pour demander au corps de ville quel serait le gentilhomme le plus digne d'être lieutenant de Roy, et réponse à cette lettre.

---

(1) Cette croix était sur la grande place au lieu même de l'ancienne église Saint-Jacques. Elle est figurée sur un tableau du Musée de Saint-Quentin, reproduit dans notre *Histoire des Canonniers-Arquebusiers de Saint-Quentin*.

1575

4 Mars. — Commandement sera faict à toutes personnes de fermer leurs masures tant en la ville que faulxbourgs et à ceux des faulxbourgs fermer leur jardin dedans quinze jours, et commandement à tous habitans desdits faulxbourgs garder leur bestial qu'il ne face domaige aux voisins en peine d'amende arbitraire dont l'accusateur aura le tiers.

13 Mai. — Remontrances à M. de Crévecœur sur les brèches de la ville et l'exemption d'un tiers de la ville du guet, de garde, etc.

8 Juillet. — Messieurs ordonnent que deffences seront faictes et publiées à la croix du marché au bled et quarrefours de ceste ville de dansser publicquement par quelques personnes que ce soient, et aux maistres et maistresses de laisser dansser leurs gens mesmes le jour, en peine de soixante solz parisis d'amende.

19 Août. — Deffences à touttes personnes de jouer ès jeux de palme ès lieux publicques les jours de faites et dimences durant le service divin et à touttes personnes necquancques de jouer à jeux publicques les jours ouvriers.

7 Octobre. — La désobéissance d'un sergent à verges est punie de prison.

1576

9 Février. — Assemblée pour savoir si les nobles à la solde du roy seront cottisés.

D'autres assemblées ont lieu pour la réparation des

— 11 —

brèches de la ville (29 Juillet), les Etats de Blois (1) (dernier Août), les Etats de Laon (13 Septembre).

26 Octobre. — Prise de fait et cause contre le procureur fiscal du seigneur de Saint-Simon.

16 Novembre. — Le prix du pot (de vin) est fixé à 8 sols tournois ; le lendemain 17, il est porté à 9 sols sur la requeste des cabaretiers.

7 Décembre. — Messieurs ont faict et font deffences aux joueurs de comédies et histoire de ceste ville de jouer en icelle, laquelle deffence a esté prononcée ledit jour à Jacques Crespeau, Adrian Mairesse et... (le nom est resté en blanc).

1577

4 Janvier. — Défense, au nom du roi, de porter masque et aller la nuit sans lanterne et clarté après la cloche sonnée.

6 Décembre. — Messieurs ordonnent que le pourceau qui a dévoré ung petit enffant en l'hostel de la Courone soit enfouy tout vif en un fosse. Que deffences seront publiées à toutes personnes de tenir en ceste ville aulcuns pourceaulx sous peine de confiscation des pourceaulx et de LX s. d'amende pour chacun pourceau et pour chacune fois (2).

---

(1) Voir notre étude : *Cahiers de doléances de la prévôté de Saint-Quentin aux Etats-Généraux de Blois de 1576.* Saint-Quentin, 1876.

(2) Bien que nous ayons pour principe de ne publier que des textes inédits, nous redonnons ici cette délibération qui a figuré, pour la première fois, dans notre *Histoire de Saint-Quentin.* Une coquille l'a fait

1578

12 Janvier. — Messieurs ont donné à Guillaume Guerleant, lequel s'est rendu hermite, la somme de cent solz tournois pour aider à paier ses abillemens, et ce par le comis des pauvres.

14 Mars. — Défenses de vendre éperons, étriers, etc.

27 Juin. — Remontrances à faire au roi au sujet du malheureux état de la ville ; on lui demandera un subside de 800 écus.

8 Août. — Il est interdit « à touttes personnes de tenir ès leurs maisons aulcuns pigeons, cannes, canards, pourceaulx ne aultres bestes de volatilles... en peine de deulx escus d'amende. » Cette prohibition est renouvelée le 24 avril de l'année suivante.

1579

29 Mai. — Commandement sera faict aux cappitaines des portes et portiers de ne laisser entrer en ceste ville aulcunes personnes de Guise, de Cugny, Crespy en Laonnois et aultres lieux où lon se meurt de la peste, personnellement deffences de laisser sortir de ceste ville aulcuns

---

placer par erreur à la date de 1557 ; date impossible puisque les registres de la Chambre du Conseil ne commencent qu'en 1559 ; d'ailleurs, le lecteur rectifie facilement cette faute, purement d'impression, en remarquant que le fait est placé par nous entre la mort de Ramus (1572) et une grave épidémie (peste de 1579).

pauvres et à l'hostel Dieu recevoir aulcuns s'ils ne sont de ceste ville.

19 Juin. — Messieurs ordonnent que commandement sera faict à Nicolas Lefebvre et son fils de, en dedans 24 heures, meitre hors leur maison ung loup qui y est.

17 Juillet. — Ordre de faire garde et guet en personne, « pour la crainte qu'on a des Espagnols. »

Le même jour, le corps de ville décide que « sur l'appellation faicte par Messieurs de Chapitre pour la deffence des femmes et filles lubricques, Me Quentin Barré fera les mémoires nécessaires. »

14 Août. — Il est permis aux mulquiniers d'aller à Cambray vendre leurs marchandises, sans entrer dans la ville et à condition de se tenir dans les faubourgs.

4 Septembre. — L'enfant qui a esté apporté cejourd'huy à la maison de l'Estoille sera noury aux despens des pauvres.

2 Octobre. — Lambert Liétard, hoste de la croix d'or, pour n'avoir obéy aux deffenses à luy faictes de laisser jouer d'escrime ès sa maison et contre l'ordonnance de Monsieur le Maïeur est condampné en deulx escus d'amende et tenir prison jusques au paiement, et deffences sont faictes à Josset ne plus tenir salle en peine du fouet, lequel Liétard a esté ellargy après avoir esté quinze jours prisonnier et a esté quicte de l'amende.

13 Novembre. — Ordonnance que les merciers étaleront les samedis et mercredis au marché.

18 Novembre. — La somme de quarante sols est payée par le commis aux pauvres à frère Joly, jacobin, bache-

lier en théologie, pour avoir prêché l'avent à Saint-Quentin.

1580

9 Juin. — Un sieur Benoit, depuis peu arrivé dans la ville, reçoit ordre d'en sortir, sinon il en sera expulsé par les sergents, car il est inconnu et suspect.

16 Novembre. — Messieurs ont eslargi Noelle Mallasayt, vefve de Claude Faglin, des prisons du beffroy à la charge de tenir son bang, sus peine où elle recommenceroit en la dite ville d'estre foectée par les carfours la corde au col.

1581

3 Février. — Expulsion en masse des étrangers qui se trouvent dans la ville.

21 Juillet. — Procuration de M. de Mouy, portant résignation de son gouvernement.

27 Juillet. — Remontrance à M. le Gouverneur qu'on ne peut luy bailler logis et ustensile en quelque maison de ceste ville.

7 Novembre. — Des ordres sont donnés à Pierre de Sally et Pierre Wiart, marguillers de l'église Saint-Jacques, relativement à l'édification de cette église.

1582

9 Mars. — Les habitants de la rue d'Isle quy ont nacelles les fermeront de nuict à la clef.

22 Août. — Défense de laisser sortir du blé et du pain.

1583

7 Janvier. — Un nouveau marié est exempté pour un an de la garde de poste et du guet.

22 Avril. — Il est permis à Pierre de Brie mectre pour enseigne ung vase d'or à sa maison.

22 Mai. — Défense d'aller au cabaret et de jouer publiquement les dimanches pendant le service.

30 Septembre. — Les pauvres assistés seront tenus de porter une petite pièce de drap jaune.

1584

13 Juillet. — Défense d'acheter du 1er Janvier au 1er Juillet, aucun bois, fagots, charbons, etc., pour faire magasin.

7 Septembre. — Les lettres de noblesse de Nicolas de la Fons seront enregistrées.

14 Novembre. — Messieurs ordonnent la vente des meubles de Laurence quy a esté fustigée sous la custode pour larcin.

1585

3 Mai. — Assemblée générale pour entendre la lecture de la lettre du Roi écrite à M. de Crévecœur, lieutenant général en Picardie.

19 Juillet. — Le commis des pauvres achetera la table d'autel qui appartient à la veuve de Jehan de Vailly « pour estre mise et exposée à la chapelle de la maison

de la ville » et fera terminer la réparation des verrières de la même chapelle.

14 Août. — Serment du corps de ville de garder l'édit rendu par le roi sur la réunion de ses sujets à l'église catholique, apostolique et romaine.

4 Octobre. — Messieurs ont ordonné que visitation de la chapelle Saint-Ladre sera faicte pour sçavoir quelle ouvrage il est de nécessité y faire, pour la visitation rapporter et ordonner ce que de raison.

1586

10 et 31 Janvier. — Articles fournis par M. Jean Dey, au procès qu'il a pour être noble.

5 Mai. — Reproches à fournir contre les témoins ouïs à la requête de J. de Y au procès.

16 Mai. — Recherche du blé par toute la ville — défense touchant la vente du blé par les étrangers — distribution du blé — (se continuent les mois suivants).

6 Juin. — Il est ordonné que le maire de la rue d'Isle baillera le nom des habitans de lad. rue et faulxbourgs et nombre de leurs familles.

1er Décembre. — Le service des portes et du guet est fait en personne pour éviter les surprises de l'ennemi.

1587

6 Février. — Défense d'aller en masques.

22 Mai. — Assemblée générale pour aviser les moyens et l'ordre qu'il faudra tenir pour la nourriture du peuple de cette ville.

1588

2 Juillet. — Ordonnance que les maisons, arbres, hayes et autres choses nuisibles et suspectes, situées aux faulxbourgs, seront démolis.

23 Septembre. — Permis de prendre pour enseigne les *Chiens verts*.

16 Décembre. — Requête de Antoine Martin, pâtissier, afin de paiement des viandes fournies le jour de la nomination du nouveau mayeur et colation de St Jean.

Même date. — Requête de Mathieu Bourdon, charron, pour avoir remonté l'artillerie.

1589

20 Juin. — Recherche des gens étrangers, de ceux de la Ligue, et de toutes les armes.

18 Août. — Gens soupçonnés de ligue et rebellion.

1590

12 Janvier. — Messieurs ont permis à Joachim Paucelin, advocat, de rentrer en la ville pour y faire sa résidence avec sa famille et y vivre soubz les lois et status de lad. ville, à la charge qu'il fera le serment de fidélité comme les aultres habitans d'icelle ont fait.

Pendant le mois de Janvier et les mois suivants les fermiers des terres appartenant aux pauvres de la ville et situées dans les environs demandent une réduction de loyer en raisons des « grandes pertes tant en leur labeur qu'en bestail, ayant esté empéchés par les trouppes du Sr Ballagny » ce sont notamment : Adrien Robert, de Regny, pour terres situées à Urvillers ; Pierre de Neufville, fermier de Saint-Ladre ; François Ledroict, pour terres de Saint-Ladre à Harly ; Jacques Gambier, laboureur à Happencourt et Adrien ......, laboureur, fermier des terres de Saint-Martin à Beauvois, Mathieu Gourdin, laboureur à Vadancourt pour terres à Jancourt, et autres pour Alaincourt, Berteaucourt, Holnon, Itancourt, Rocourt et Seraucourt.

19 Janvier. — Messieurs ont ordonné que Antoine le Sergent, prestre, curé de l'église Saint-Pierre de Maissemy, sera mis hors de la ville, ensemble sa chambrière et concubine, avec défense de n'y plus retourner avec lad. chambrière en peine du fouet.

16 Février. — Imposition des femmes vefves de ceste ville pour le payement de deux guetteurs que l'on a mis au befroy pour y faire le guet de nuit et jour.

23 Février. — Information pour sçavoir sy aux maisons des chanoines il n'y a point de bacquet et gouttières pendante de plon, pour en cas de nécessité s'en servir à faire des balles.

1er Mars. — Messieurs estant assemblés en la chambre du Conseil de la ville, sur la proposition faicte par Me Sébastien Diré, maieur, que la Compaignie du cappitaine Darthies se présentoit pour venir en la ville suivant ce que Monsieur de Witermond l'avoit mandé ayant esté mise hors de Chaulny si on la laisroit entrer en lad. ville, ont esté d'avis que led. cappitaine Darthies avec sad. compaignie en nombre de cinquante soldatz entroict en lad. ville et qu'on en logeroit moitié au faulxbourg d'Isle et l'autre moitié aux faulxbourgs Saint-Nicaise, et qu'ils y tiendront garnison pour le tems de vingt jours, et non davantaige.

7 Mars. — Le Gouverneur, le Mayeur, plusieurs échevins et le commis aux ouvrages visitent les fortifications pour voir les travaux les plus urgents à faire.

30 Mars. — Sur la requeste présentée par Michelle Potier, veufve de feu Mathieu Beuzot qui demande que payement luy soit faict de la somme de onze escus dix-sept solz quy luy est deub pour chair par elle livrée aux soldats qui estaient au molin de la …..ssiestte (?) durant que Ballagny tenoit ceste ville fermée, Messieurs ont ordonné qu'il leur sera faict promesse par la ville de luy payer lad. somme.

Sur la remontrance faicte à Monsieur de Witermond, gouverneur pour Sa Majesté en ceste ville de Saint-Quentin et à Messieurs les maieur, eschevins et jurés de lad. ville par l'enseigne et les soldats de la compaignie dudit gouverneur estant de présent en garnison en ceste d. ville que le pain que l'on leur bail par chacun jour n'estoit bon, sentoit fort et n'en pouvoit en manger et que la faulte povoit venir des boulangers quy abusoient du bled, partant requeroient qu'il leur fust bailli du bled en nature au lieu de pain, Messieurs ont esté et sont de l'advis qu'il leur soit délivré du bled de dix jours en dix jours au lieu de pain.

1ᵉʳ Juin. — Balagny et ses troupes incendient le moulin de la couture.

19 Août. — Le xixᵉ jour d'Aoust mil cinq cent quatre vingt et dix, assemblée générale s'est faicte en la Chambre du conseil de la ville de Saint-Quentin, où ont assisté les maïeurs d'enseignes et prud'hommes représentant la commune de lad. ville et sur la proposition faicte par honorable home Mᵉ Loys Dorigny, maïeur d'icelle, qu'il estoit de nécessité attendu que l'ennemy de ce royaume tant Espagnols que aultres estoient entré en la France pour icelle envahir et soy y introniser à la saisictation des rebelles à Sa Majesté ennemys de l'Estat et Couronne de France et que le bruit couroit et estoit advis qu'ils estoient en délibération d'attaquer ceste ville, d'adviser à ce quy estoit nécessaire de faire pour la conservation de ceste d. ville en l'obéissance de Sa Majesté a esté résolu et arresté après avoir sur ce prins l'advis des eschevins et jurés, maïeurs d'enseigne et prud'homes, parce qu'il n'y avoit pour le présent moyen de tirer aulcun denier de Sad. Majesté pour les grandes affaires qu'il a à présent, qu'il se assera et levera sur les habitans de lad. ville la somme de quatre cents escus dont moitié se paiera comptant et l'aultre moitié à la saint Remy pour estre employé à remonter et racoustrer l'artillerye, et racouster les pouldres, faire vng pont pour les teres à la térache, près ce grand pont, faire le pont et tablier de la porte Saint-Martin, racouster les corps de garde quy sont sur les remparts et y faire faire des sentinelles pour la commodité des habitans et des soldatz tenir garnison en ceste dite ville et faire des gabions et aultres objets nécessaires pour la défense de lad. ville et que les habitans

seront contrains au payement des sommes à quoy ils seront assis, nonobstant opposition ou appellation, pour les propres deniers du Roy, et que les corvées se recommenceront dès le jour de moiz et seront commandées par paroisse pour achever lad. térache et faire aultres ouvrages quy se trouveront entre les plus nécessaires à faire en lad. ville, et pour faire l'ad. assiestte et obligation des d. quatre cens escus ont été només Pasquier le Long, Thomas Maresse et Anthoine de Joncourt maïeurs d'enseigne, Gérard de Sully et Pierre de Sachy prud'homes, et avec eulx pour eschevin M° Boyer Sonnier, et pour juré M° Nicolas Alavine, pour lever lesd. IIII^{cs} escus, chacun en leur paroisse, quy seront tenus mectre lesd. deniers entre les mains de Jehan Margerin juré de lad. ville et commis aux ouvraiges d'icelle.

Les citations pourraient se suivre, nombreuses et intéressantes ; les extraits qui précèdent suffisent, nous le pensons du moins, pour montrer une fois de plus, s'il était encore besoin de le prouver, combien sont riches en détails neufs, inattendus et si utiles à consulter pour l'histoire particulière de la province, les Archives de la ville de Saint-Quentin, quelles mines inépuisables elles renferment, quels documens précieux, quels renseignemens curieux nous révèlent les registres des délibérations, trop longtemps dédaignés et dans lesquels les membres du corps de ville ont noté jour à jour les différentes phases de la cité.

AMIENS. — TYPOGRAPHIE DELATTRE-LENOEL, RUE DES RABUISSONS, 32.

www.ingramcontent.com/pod-product-compliance
Lightning Source LLC
Chambersburg PA
CBHW060924050426

42453CB00010B/1860